arikoのごはん

私もみんなも好きな味

ariko

講談社

はじめに

インスタグラムにポストしていた自己流の料理をまとめたものを本にしてから、数年が経ちました。こんな素人料理の本、読んでくれる人がいるのだろうかと半信半疑でしたが、思いのほか多くの方に読んでいただき、たくさんのコメントや感想が寄せられました。

小さな子どもがいるお母さん、子育てが終わって夫婦ふたりに戻った私と同世代のお母さん、結婚したばかりの新婚さん、いつか家族ができたときのためにという若い世代の方々……年代はさまざまですが、皆さん食べることが好き、料理が好きという食いしんぼうの方ばかり。そして家族においしいものを食べさせたいという思いはみな共通！　インスタのコメント欄には作り方を教えて！　このレシピのコツは？　との質問をいただくことも多く、あらためてレシピを紹介できたらと思っていたところに、レシピを載せた料理本を出してみないかというお誘いをいただきました。

そして私の並はずれた食いしんぼうぶりがどうやって生まれたのかも気になると（笑）——それならば、インスタグラムを始める前の時代、自分の味のルーツにも向き合ってみようと思いました。さらに、ちょっとだけ先輩のベテラン主婦として、おせっかいなアドバイスも盛り込んで。これまでの本に載っているメニューもありますが、この本ではあらためてくわしい分量や作り方をお伝えし、さらに、ちょっとしたコツや味の決め手になる調味料や材料についてもご紹介しています。どうぞ気軽におつきあいくださいませ。

バナナブレッド

材料（20×7×6 cmのパウンド型1台分）
A バナナ・2本
 │ サラダオイル・80㎖
 │ 牛乳・40㎖
 │ 砂糖・大さじ3
小麦粉・150g
重曹・4g

1.バナナはちぎる。小麦粉と重曹はさっくりと混ぜ合わせる。焼き型にサラダオイル（分量外）を塗る。
2.ミキサーにAを入れて攪拌し、液状になったらボウルに入れ、1の粉類を加えてゴムべらで全体がなじむまでさっくりと混ぜる。
3.型に流し、200℃のオーブンで30〜40分焼く。
MEMO
お好みでくるみなどのナッツを加えてもおいしい。
生地がくっつきやすい型の場合は、クッキングシートを敷いて。

arikoのごはん　contents

はじめに　〜バナナブレッド 2

母から受け継いだ味 6
にんじんスープ 8
ミートボールスパゲティ 10
チキンアドボ 11
ブロッコリーライス 12
サワークリーム仕立てのビーフストロガノフ 13

"茶色めし" 16
豚ロースのレモンガーリックマリネ 18
まいたけ牛丼 20
BBQスペアリブ 21
手羽元のお酢煮 卵添え 22
豚ばら角煮カレー 23

column
クリスマス定番のごちそう 26
ミニトマトのスイートマリネ／ハッシュドポテト スモークサーモンのせ／ローストビーフ／マッシュルームご飯

ほっとくだけレシピ 32
牛すね肉のスープ煮 34
→牛すね肉とクレソンのスープ
→牛すね肉の和風ポトフ

column
おいしいものがとにかく好き 40

ドレッシングまかせレシピ 42

粒マスタードドレッシング 44
→アボカドとスモークサーモン、紫玉ねぎのサラダ
→クレソンとさやいんげん、マッシュルームのサラダ
→さやいんげんとじゃがいも、たこのサラダ

玉ねぎドレッシング 48
→豚しゃぶと豆腐のサラダ
→まぐろのサラダ
→まるごとトマトサラダ

column
食パンがあれば 52
アボカドツナメルトトースト／グリルチーズサンド／
パンプディング

めんとご飯 56

レモンパスタ 58
ベーコンと春菊のペペロンチーノ 59
かつおの冷製パスタ 60
明太いくらパスタ 61
豚ばらごま汁つけめん 64
グリーンカレーつけめん 65
ピーマンとしいたけの塩昆布焼きそば 66
ごまだれ 冷やし中華 67
梅入り鯛めし 70
たけのこご飯 牛しぐれ煮のせ 71
しめさばご飯 72
豚ばらとエリンギの混ぜご飯 73

column
器の話 76

野菜の小さなおかず 78

緑野菜の梅風味煮びたし 80
ゆでキャベツのニョクマムソース 81
蒸しなす イタリア風 82
トマトといちごのブッラータ 83
にんじんのたらこ炒め 84
きぬさやのおかか炒め 85
オクラの塩昆布あえ 86
きゅうりのパクチーあえ 87
マッシュルームのパルミジャーノサラダ 88
れんこんのソテー チーズのせ 89

column
バニラアイスクリームがあれば 90
いちごソース添え／コーヒーゼリーミルク／
アップルパイ風

さいごに 94

本書のきまり
● 小さじ1＝5㎖、大さじ1＝15㎖、カップ1＝200㎖です。
● 電子レンジは600Wを使用した場合の加熱時間です。
● オーブンは方式や機種などによって差がありますので、様子をみながら加減してください。

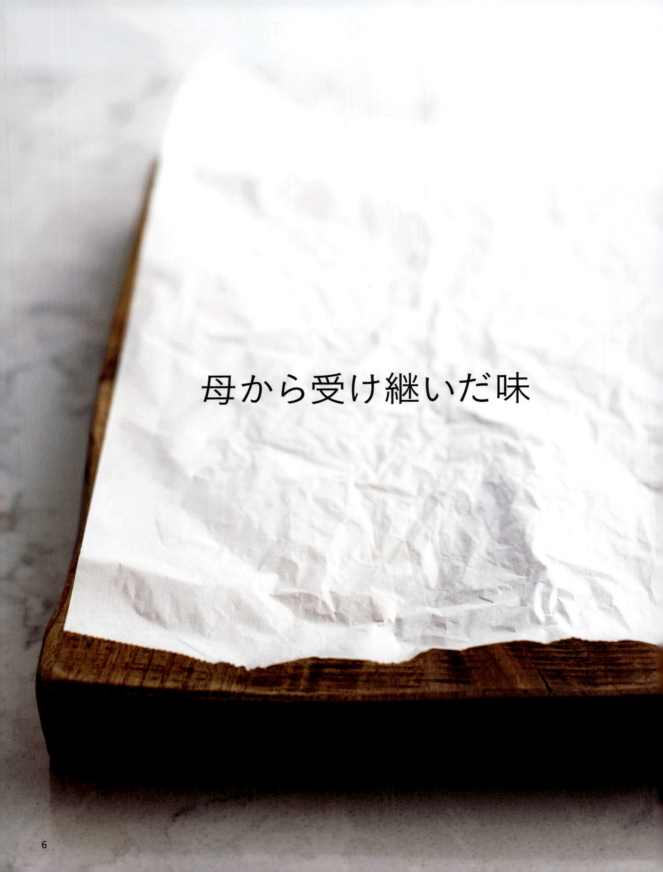

母から受け継いだ味

京都の呉服問屋に生まれ、学校を卒業後すぐに
お見合い結婚をして東京に来た母。嫁入り先は
舅姑ともアメリカで学生時代を過ごし、外資系
会社に勤務しているというアメリカナイズされ
た家でした。"純和風"から"洋風"へ。食べる
ものも習慣もずいぶん異なる家に来て、初めは
ずいぶん戸惑ったといいます。みそ汁の味より
ローストチキンのスタッフィングを教えられ、
目を白黒させたそう。そのせいか母から受け継
いだ味は洋風のものが多い。キャンベルのスー
プを使って作るキャセロール、もとはフィリピ
ン料理だという鶏肉をお酢で煮るアドボなど
は、今では昭和の香りがするちょっと懐かしい
味わいかもしれません。でもこれが繰り返し食
べたくなる、ほっとする味なのです。

簡単なレシピでも丁寧に。母から教わったおいしさの秘訣

　寒い時期にほっと温まる、にんじんのスープは母から受け継いだわが家の定番料理。ほんのり甘さが引き立つスープは、青臭さがまったくなく、にんじん嫌いの人にもおいしいと言ってもらえる私の自慢の一品です。一緒に煮た生米はほどよいとろみとつやを出してくれる名脇役。材料を鍋に一度に入れて煮るのではなく、焦げないようにゆっくりじっくり。時間をかけることで優しい甘さが生まれるような気がします。

　ディズニー映画『わんわん物語』で、主人公のレディとトランプが分け合ったミートボールスパゲティ。ハンバーグだねを小さく丸めてトマトソースで煮るという、ミートソースと同じ材料からもうひと手間かけて母は作ってくれていたのですが、子ども心にはミートソースのほうが好きだったりするのですから、うまくいかないものです（笑）。ブロッコリーライスはキャンベルのスープ缶を利用したいかにもアメリカっぽい料理ですが、マッシュルームと玉ねぎを炒めたものを加えて、缶臭さを消す工夫をしていました。

　母から受け継いだ料理は、どれも作り方は簡単だけれど、もうひと工夫したり、時間をかけて丁寧に作ったりしたものが多かったような気がします。忙しい主婦にとって簡単さと時短はとても大切なこと。切って合わせるだけ、さっと炒めるだけといった料理も毎日の食卓には欠かせませんが、たまにはじっくり時間をかけ、ちょっとしたひと手間をプラスすることでぐんとおいしさがアップすると思います。

にんじんスープ

材料（4人分）
にんじん・4本
玉ねぎ・1個
バター・10g
水・600㎖
米・大さじ2
コンソメキューブ・1個
塩・小さじ1〜1½
こしょう・少々
生クリーム・適量

1.にんじんは2〜3㎜厚さの半月切り、玉ねぎは繊維に沿って薄切りにする。
2.大きめの鍋にバター、にんじんと玉ねぎを入れ、強火にしてふたをする。野菜から水分が出てきたらふたを取り、中火で炒める。
3.水気がなくなってきたら水を注ぎ、米とコンソメキューブを加え、米が柔らかくなるまで弱めの中火で20〜30分煮る。
4.米がつぶれるくらいに柔らかくなったら、ハンドブレンダーでなめらかになるまで攪拌し、スープ状にする。とろみが強ければ湯（分量外）を加えて調節し、塩、こしょうで味を調える。器に盛り、生クリームを回しかけて食べる。
MEMO
ハンドブレンダーがない場合はミキサーで攪拌しても。スープ状になったら鍋に戻し、同様に仕上げる。

にんじんスープ
にんじんの甘さを引き立てる、お米のとろみがおいしさの決め手

ミートボールスパゲティ　+RECIPE P14
ごろりと大きめに作れば食べごたえ満点。太めのパスタが合います

チキンアドボ +RECIPE P14
エスニックなのに親しみやすい味わい。にんじんピラフで彩りもアップ

ブロッコリーライス +RECIPE P15

キャンベルのスープ缶を使って手軽にできるあつあつライスグラタン

サワークリーム仕立てのビーフストロガノフ +RECIPE P15
酸味とまろやかさのバランスが絶妙な大人の味わい

ミートボールスパゲティ

+PHOTO P10

材料(2人分)
ミートボール
  合いびき肉・300g
  玉ねぎ・½個
  オリーブオイル・大さじ1
  A 卵・1個
  │ パン粉・30g
  │ 牛乳・大さじ3
  │ 塩・小さじ½
  │ ナツメグ、こしょう・各少々
パスタ(スパゲッティーニ)・160g
トマトソース
  玉ねぎ・½個
  にんにく・1かけ
  トマト水煮(カットタイプ)・1缶
  コンソメ顆粒・小さじ1
  オリーブオイル・大さじ3
  塩、こしょう、オレガノ・各少々
粉チーズ(あればパルミジャーノ・レッジャーノ)・適量
イタリアンパセリ・適量

1.ミートボールを作る。ボウルにAのパン粉と牛乳を入れてふやかす。玉ねぎはみじん切りにしてボウルに加える。

2.1のボウルにひき肉と残りのAを加え、よく練ったらひと口大に丸める。

3.フライパンにオリーブオイルを入れて熱し、2を転がしながら中火で焼く。まんべんなく焼き目がついたら、いったん取り出す。

4.トマトソースを作る。にんにく、玉ねぎはみじん切りにする。フライパンにオリーブオイルとにんにくを入れて中火で炒め、香りが立ってきたら玉ねぎを加えて透明になるまでさらに炒める。

5.4にトマト水煮、コンソメ顆粒を加えて中火で煮る。沸騰したら、塩、こしょう、オレガノを加える。ミートボールを加え、5分ほど煮込む。途中で煮詰まってきたら、水少々を加えて濃度を調節する。

6.パスタは表示通りにゆで、5に加えてソースとなじませる。器に盛り、粗みじんにしたイタリアンパセリ、粉チーズをかける。

MEMO
ミートボールの形は不ぞろいでOK。大小があっていいし、きれいな球状じゃなくてもソースがからみやすくなるので気にしない。パスタは1.6mm以上の太めのものが合う。

チキンアドボ

+PHOTO P11

材料(2人分)
鶏もも肉・2枚
にんにく・4かけ
A 黒粒こしょう・10粒
│ ベイリーフ・2枚
│ 白ワインビネガー・100㎖
│ 水・100㎖
│ しょうゆ・大さじ3
│ 塩・少々
サラダオイル・小さじ1＋大さじ2
クレソン・適量
にんじんピラフ(下記参照)・適量

1.鶏もも肉はそれぞれ4等分に切る。にんにくはみじん切りにする。

2.フライパンにサラダオイル小さじ1を熱し、鶏肉の皮目を下にして入れる。皮がきつね色になるまで中火で焼いて取り出す。

3.深めの鍋にサラダオイル大さじ2とにんにくを入れ、色づくまで弱火で炒める。Aを加えて中火にし、ひと煮立ちしたら2の鶏肉を加え、弱めの中火で20〜30分煮込む。途中、何度か煮汁をすくって肉にかける。

4.にんじんピラフ、クレソンとともに器に盛りつける。お好みで粗びき黒こしょう(分量外)をふる。

にんじんピラフ

材料(4人分)
にんじん・1本
玉ねぎ・½個
米・2合
水・360㎖
塩・小さじ½〜1
粗びき黒こしょう・少々
オリーブオイル・大さじ2

1.にんじん、玉ねぎは細かいみじん切りにする。米は洗ってざるに上げる。

2.深めの鍋にオリーブオイル、にんじんと玉ねぎを入れて野菜から水分が出るまで中火で炒める。米を加えてさらに炒め、にんじんと米がなじんだら、塩、こしょう、水を加えて中火にかける。

3.沸騰したら弱火にして15分炊き、火を止めて10分蒸らす。

ブロッコリーライス

+PHOTO P12

材料(18×12×4.5cmの耐熱オーバル皿1個分)
ささみ・3本
ブロッコリー・½個
玉ねぎ・½個
ホワイトマッシュルーム・½パック
キャンベル クリームマッシュルームスープ・1缶
牛乳・スープ缶の½量
チーズスプレッド・70g
ご飯・茶碗大盛り1杯
溶けるチーズ・120g
バター・10g
塩、こしょう・各少々

1.ささみはひと口大に切る。玉ねぎはみじん切り、マッシュルームは薄切りに。ブロッコリーは小房に分け、固めにゆでる。

2.フライパンにバターと玉ねぎを入れて中火で炒め、透き通ってきたらささみとマッシュルームを加える。全体がしんなりするまで炒め、塩、こしょうをする。

3.2にスープと牛乳、チーズスプレッドを加えて混ぜる。沸騰したらご飯を加え、さっくりと混ぜて耐熱皿に移す。

4.溶けるチーズを全体にのせ、ブロッコリーを飾る。200℃のオーブンで、チーズがきつね色になるまで10〜15分焼く。

POINT

焼くまでに時間がたつとご飯が水分を吸って固くなるので、オーブンは必ず予熱しておいて。ご飯は温かくても冷やご飯でもどちらでもよい。
あつあつを食べるのがおすすめ。

MEMO

チーズスプレッドは、クリームチーズをベースにした、塗るタイプのクリーミーなチーズ。なければ、マスカルポーネチーズと塩少々でも。

サワークリーム仕立ての ビーフストロガノフ

+PHOTO P13

材料(4人分)
牛もも薄切り肉・300g
玉ねぎ・2個
ホワイトマッシュルーム・1パック
しめじ・1パック
サワークリーム・200g
バター・40g
水・600ml
コンソメキューブ・1個
薄力粉・少々
塩、こしょう・各適量
ご飯(温かいもの)・茶碗4杯
パセリ・適宜

1.玉ねぎは繊維に沿って薄切り、マッシュルームも薄切りにし、しめじは小房に分ける。牛もも肉はひと口大に切り、塩、こしょう各少々で下味をつけてから薄力粉を茶こしでふる。

2.フライパンにバター10gと牛肉を入れて中火で炒め、色が変わったら取り出す。同じフライパンにバター10gを溶かし、マッシュルームとしめじをしんなりするまで炒める。

3.煮込み用の鍋に残りのバターを熱し、玉ねぎを水気がなくなるまで弱火でじっくり炒める。水とコンソメキューブを加えて中火にする。沸騰したら2を加えて弱火にし、15分ほど煮込む。

4.3にサワークリームを溶かし入れ、さっと煮る。塩、こしょうで味を調えたら、器にご飯とともに盛りつけ、お好みでみじん切りにしたパセリを散らす。

POINT

分離しやすいので、サワークリームを加えたら煮込みすぎないように注意。

"茶色めし"

カレーにステーキ、ハンバーグ、牛丼、豚のしょうが焼き……etc. 茶色い見た目は地味だけれど、食欲旺盛な食いしんぼうの胃袋をがっちりつかむのはやっぱり肉！ 白めしに合う"茶色めし"です。肉のおいしさを引き立てるように、にんにくやしょうが、ハーブ類をきかせてシンプルに焼いたり煮たり。あるいはこってり甘辛のしょうゆ味に仕上げれば、ご飯のお代わりが止まらないはず。わが家の家族構成は夫に息子ひとりなので、茶色めしは大人気。とはいえ、茶色だけでは体のためによくないですから、それに負けないくらい野菜もたっぷり摂っています。わしわし食べられるフレッシュで色鮮やかな野菜料理があるからこそ、茶色めしのおいしさもまた引き立つというものです。

見た目は地味だけどみんな大好き！ 満腹満足！

　ガツンと食べごたえがあるメイン料理が決まると、毎日の献立が立てやすいもの。牛肉、豚肉、鶏肉、いずれかを主役にご飯に合う味つけを考えます。いちばん簡単なのはグリルやソテーをすること。シンプルに塩とこしょうをするだけでもおいしいのですが、レモン汁とにんにく、オリーブオイル、あればローズマリーなどお好みのハーブと一緒にマリネしてから焼くといちだんと味わい深くなります。ジップロックに入れて冷蔵庫で保存しておけば、4〜5日はおいしく食べられるので忙しいときにも便利です。ご飯にもパンにも合うし、しょうゆをたらせばまた違った味わいに。

　そして、"茶色めし"で欠かせないのがこっくりとした甘辛味。香りだけでも食欲をそそりますが、もうひと工夫すればさらに新鮮な印象になります。牛丼にまいたけを加えるのは行きつけの和食のお店で教えてもらったアイデア。まいたけのうまみで驚くほど味わい深くなるのです。ビールにぴったりのスペアリブは、オレンジジュースやマーマレードをプラス。フルーツを料理に使うのが苦手な人もいますが、その甘じょっぱい味が大好きで、わが家ではよく登場します。豚ばら肉を使ってボリューム感たっぷりに仕上げたカレーは、相性ぴったりのとうもろこしご飯とぜひ。

　こってり味の茶色めし、ボリュームがあるものほど、つけ合わせや副菜でさっぱり味わえるように工夫すると、最後までおいしく食べられると思います。

豚ロースのレモンガーリックマリネ +RECIPE P24
マリネして作りおけばいつでも食べられる、わが家定番のひと皿

まいたけ牛丼 +RECIPE P24
まいたけのうまみでいつもの牛丼が格段においしくなります

BBQスペアリブ　+RECIPE P24
大人も子どもも大好きな甘辛味はオレンジ風味で奥深い味わいに

手羽元のお酢煮 卵添え +RECIPE P25
お酢の力でさっぱりしっとり。ほろりと身離れがいいのもうれしい

豚ばら角煮カレー +RECIPE P25
ガツンと食べごたえも満点。とろりととろける脂身を味わって

豚ロースのレモンガーリックマリネ

+PHOTO P19

材料（4人分）

豚ロース肉（とんかつ用・1.5cm厚さ）・4枚

塩、こしょう・各少々

マリネ液
　にんにくのすりおろし・1かけ分
　レモンの絞り汁・½個分
　ローズマリー・3枝
　塩、こしょう・各少々
　オリーブオイル・大さじ2

つけ合わせ
　じゃがいも・2個
　かぶ・4個
　スナップえんどう・16個
　ベーコン・2枚
　イタリアンパセリ・適量
　オリーブオイル・大さじ1
　塩、こしょう・各少々

1. ボウルにマリネ液の材料を入れ、混ぜ合わせる。豚ロース肉は縮み防止として、脂身と赤身の間の筋切りをする。塩、こしょうをして下味をつけたらボウルに加え、ひと晩つけ込む。

2. じゃがいもはゆでて、5mm〜1cm幅に切る。ベーコンはごく細切りにして、オリーブオイルをひいたフライパンでカリッとするまで中火で炒める。じゃがいもを加え、塩、こしょうをして全体を炒め合わせる。火を止め、ざく切りにしたイタリアンパセリを加えてさっくりと混ぜる。

3. かぶはくし形に切ってグリルパンに並べ、柔らかくなり、軽く焦げ目がつくまで中火で焼く。スナップえんどうは塩ゆでする。

4. フライパンにオリーブオイル大さじ1（分量外）を熱し、1の豚肉を入れる。弱めの中火で、片面を軽く焦げ目がつくまで4〜5分焼いたら返し、肉に火が通るまでさらに2〜3分焼く。つけ合わせとともに器に盛りつける。

POINT

豚肉を焼くとき、つけ込んでおいたローズマリーの枝をオリーブオイルと一緒に熱すると香りがより豊かになる。

MEMO

つけ込むときは、ボウルの代わりにファスナーつきのポリ袋を使ってもよい。

まいたけ牛丼

+PHOTO P20

材料（2人分）

牛肉（すき焼き用）・400g

まいたけ・1パック

玉ねぎ・½個

卵黄・2個分

A めんつゆ（3倍希釈タイプ）・100mℓ
　水・300mℓ
　砂糖・大さじ1
　しょうゆ・大さじ1

ご飯（温かいもの）・茶碗2杯

1. まいたけはひと口大にさく。玉ねぎは1cm幅のくし形、牛肉は大きめのひと口大に切る。

2. 鍋にAを入れて強火にかけ、沸騰したら1を加える。煮立ったら弱火にし、あくを取りながら玉ねぎと牛肉に火が通るまで煮る。

3. どんぶりにご飯を盛り、2を汁ごと盛りつけて卵黄をのせる。

MEMO

めんつゆの分量は希釈タイプに応じて調節を。うまみたっぷりの煮汁が余ったら、豆腐を入れて煮奴に。

BBQスペアリブ

+PHOTO P21

材料（4人分）

スペアリブ・800g〜1kg

A オレンジジュース・40mℓ
　マーマレード・大さじ2
　トマトケチャップ・大さじ1
　ウスターソース・大さじ1
　しょうゆ・大さじ1

にんにくのすりおろし・2かけ分

塩、こしょう・各少々

オリーブオイル・大さじ1

1. スペアリブはキッチンペーパーで水けをふき、塩、こしょうとにんにくをすり込む。

2. ボウルにAを入れて混ぜ、スペアリブを加えてもみ込む。冷蔵庫で半日以上おく。

3. フライパンにオリーブオイルを中火で熱し、スペアリブを入れる。両面に焼き色をつけたら弱火にし、ふたをしてときどき返しながら15〜20分焼く。

4. ふたを取り、残っている水分をとばしながら焼く。

手羽元のお酢煮 卵添え

+PHOTO P22

材料（4人分）
手羽元・15〜20本
卵・4個
サラダオイル・大さじ1
A しょうが・1かけ
　 にんにく・1かけ
　 酒・70㎖
　 酢・100㎖
B 砂糖・大さじ3
　 しょうゆ・大さじ3
　 みりん・大さじ3
クレソン・適量

1. 好みの固さのゆで卵を作る。Aのしょうがは薄切りにし、にんにくはつぶす。
2. フライパンにサラダオイルを熱し、手羽元の表面を焼きつける。
3. 鍋に手羽元を移し、Aを加えて中火で煮る。沸騰したらあくを取り、Bを加えて落としぶたをし、弱めの中火で20分ほど煮込む。でき上がる5分ほど前にゆで卵を加えてさっと煮る。
4. ゆで卵は半分に切り、肉、クレソンとともに器に盛りつける。

MEMO
ゆで卵を半熟に仕上げたいときは、煮る前に半熟のゆで卵を冷蔵庫で冷やしておくと煮込んでも半熟のまま仕上がる。

豚ばら角煮カレー

+PHOTO P23

材料（4人分）
豚ばらかたまり肉・600g
玉ねぎ・2個
にんじん・2本
にんにくのすりおろし・1かけ分
しょうがのすりおろし・1かけ分
カレールウ（フレークタイプ）・1袋（170g）
塩、こしょう・各少々
とうもろこしご飯（右記参照）・適量

1. 豚ばら肉は4〜5㎝角に切り、塩、こしょうをふる。玉ねぎは粗みじん切り、にんじんは1㎝の角切りにする。
2. フライパンを熱し、強火で肉の表面をこんがり焼きつける。

3. 煮込み用の鍋に豚肉、玉ねぎ、にんじん、にんにくとしょうがを入れ、水をひたひたになるまで注ぎ、強火にかける。沸騰したら弱火にし、ときどきあくを取りながら2〜3時間煮込む。
4. 肉が柔らかくなったら、いったん火を止めてカレールウを溶かし入れ、さらに弱火で10分ほど煮込む。
5. とうもろこしご飯とともに器に盛りつける。

POINT
豚ばら肉を焼きつけるときは、はじめに脂身を下にして焼けば、肉から脂が出てくるので油はいりません。

MEMO
わが家で愛用しているのは、「コスモ 直火焼 カレー・ルー」。フレーク状で溶けやすく、具材とのなじみもよいのでおすすめです。辛さはお好みで。

とうもろこしご飯

材料（4人分）
とうもろこし・1本
米・2合
水・360㎖
酒・大さじ1
塩・小さじ1〜1½
バター・5g
黒こしょう・少々

1. とうもろこしは半分に切り、粒を取る。米はといでざるに上げる。
2. 鍋に米と水を入れ、30分ほど浸水させる。炊く直前に酒、塩、とうもろこしの粒と芯を加え、ふたをして中火にかける。
3. 2が沸騰したら弱火にして13〜15分炊く。火を止めて5分ほど蒸らしたら芯を取り出し、バターを加えて全体を混ぜる。黒こしょうをふって食べる。

POINT
とうもろこしの粒を取るときは、半分に切ってからまな板の上に縦にして置き、芯に沿って包丁を上から下へ動かすとよい。

クリスマス定番のごちそう

いくつになってもワクワクするのがクリスマス。レストランでのクリスマスディナーよりも、家族や友人を招いて自宅でのんびり過ごすのがわが家の過ごし方。メインの肉料理に前菜を数種類用意して、それぞれが好みのものを取り分けて楽しんでもらいます。

前菜の定番は、ハッシュドポテトとかにのパフ、ミニトマトのスイートマリネです。ハッシュドポテトをそば粉のパンケーキに見立ててサワークリームを塗り、スモークサーモンといくらを盛りつけたものと、かにの身にマヨネーズと泡立てた白身を合わせ、薄切りのパンにたっぷり塗ってオーブンで焼いたパフは見た目も華やかでシャンパンにぴったりのメニュー。ミニトマトを甘いドレッシングであえたマリネはバジルを添えて赤とグリーンのクリスマスカラーに。トマトを湯むきするのに手間がかかるだけで特に変わったものではないけれど、クリスマスにしか作らないと決めてい

るので特別感がアップして、家族みんなが楽しみにしてくれます。ミニトマトの皮をちまちまと取り除く作業は面倒くさいけれど、可愛い赤い玉が積み上がっていく様子が楽しくて意外に嫌いではなかったり……。私にとってもクリスマスならではのひとときなのです。

メインのローストビーフやローストチキンは自分で焼いてももちろんよいのですが、お気に入りのお店があればそれを買ってきても。メインが手軽になった分、ソースやたれを何種類か用意したり、前菜をもう一品増やせば、食卓がより豪華になります。

お客さまを招くときにはどんな料理でもてなせばいいか迷ってしまいがちですが、これは絶対！という自分にとっての"キラーコンテンツ"を決めておけば、人を招くのが怖くなくなります。合わせる前菜もこれにはこれ、と定番を決めておくと、気負うことなくおもてなしができるような気がします。

ミニトマトのスイートマリネ　+RECIPE P30
可愛いフォルムとクリスマスカラーでワクワク気分を盛り上げて

ローストビーフ RECIPE P31
低温でじっくり仕上げてしっとりと。何枚でも食べたくなる！

ハッシュドポテト スモークサーモンのせ +RECIPE P30
いくらとサーモンで華やかに。シャンパンによく合うオードブル

マッシュルームご飯 +RECIPE P31
ローストビーフと相性抜群。きのこの香り豊かな混ぜご飯

ミニトマトのスイートマリネ

+PHOTO P27

材料（4〜6人分）
ミニトマト・400g
イタリアンドレッシング
　白ワインビネガー・60mℓ
　オリーブオイル・120mℓ
　砂糖・大さじ2〜3
　クレイジーソルト・小さじ1強
　こしょう・少々
バジル・適量

1. ミニトマトは湯むきする。
2. ボウルにワインビネガーと砂糖を入れ、砂糖が溶けるまで混ぜる。残りのドレッシングの材料を加え、よく混ぜて乳化させる。1を加えてあえる。
3. 2を冷蔵庫で2時間ほどマリネする。器に盛り、バジルを飾る。

MEMO

わが家では長年、粉末タイプの「ローリーズ シーズニング ミックス」のイタリアンドレッシングを愛用。もし手に入れば、オイルとビネガーに加えて砂糖もプラスして作ってみてください。お好みのドレッシングに代えてみても。

ハッシュドポテト スモークサーモンのせ

+PHOTO P28

材料（4人分／直径18cmのフライパン使用）
スモークサーモン・8枚
じゃがいも・2個
紫玉ねぎ・¼個
薄力粉・大さじ1
塩・小さじ½〜1
サワークリーム・大さじ3
サラダオイル・大さじ1
いくら・適量
チャービル・適量

1. じゃがいもはせん切りにし、ボウルに入れて塩と薄力粉を加えて混ぜる。紫玉ねぎは繊維に沿って薄切りにし、水にさらす。
2. フッ素樹脂加工のフライパンにサラダオイルを中火で熱し、1のじゃがいもを円形に広げる。カリッと香ばしい焼き目がつくまで弱めの中火で焼く。返して同じように焼く。
3. 2が冷めたら器にのせ、サワークリームを塗る。水気をきった紫玉ねぎ、スモークサーモンをのせ、いくらとチャービルを飾る。

POINT

じゃがいものせん切りは水にさらさないのがコツ。いものでんぷんを残しておくことで、焼いたときにひとつにまとまりやすくなる。
紫玉ねぎはざるに上げたあと、キッチンペーパーでふくなどして水気をしっかりきる。
フライパンは焦げにくいフッ素樹脂加工のものがおすすめ。

うちのお正月

お正月は、離れた場所で暮らしている息子とともに、家族水入らずでのんびり過ごします。年末まで仕事が忙しいこともあって、おせち料理は行きつけの料理屋さんにお願いして、お雑煮だけ用意します。わが家のお雑煮は鴨胸肉と青菜だけのシンプルなもの。大晦日に鴨鍋をするのが恒例なので、年越しそばはそのまま鴨南蛮に。そのつど切って食べられる煮豚や、お取り寄せした鶏の水炊きなども準備しておきます。ごちそう続きでは疲れてしまうので、新鮮な野菜サラダやさっぱりしためん類などが意外に喜ばれますね。

ローストビーフ

+PHOTO P28

材料(4〜6人分)
牛かたまり肉(ランプ肉など)・600g
にんにくのすりおろし・1かけ分
塩・小さじ1½〜2
こしょう・適量
サラダオイル・大さじ2
ポン酢・大さじ3
粒マスタード・大さじ1½

1. 牛肉は焼く1時間前に冷蔵庫から出して室温に戻し、にんにくと塩、こしょうを全体にすり込む。オーブンは120℃に予熱する。
2. フライパンにサラダオイルを中火で熱し、肉のすべての面を40〜50秒ずつ焼きつける。
3. 天板に2をのせ、オーブンで1時間ほど焼く。オーブンから取り出したらアルミホイルで包んで冷めるまでおき、肉汁を落ち着かせる。
4. ポン酢と粒マスタードを混ぜ合わせて添える。

POINT

焼けてすぐに切ると肉汁が流れ出てしまうので、必ず冷めるまで待つこと。
大きなかたまり肉は火の通り具合が気になるものです。低温調理のできるバーミキュラのライスポットを購入して以来、かたまり肉のローストが怖くなくなりました。たんぱく質が固まる70℃でじっくり火を通せば、見た目は赤くてもしっかり火は通っている状態。表面を焼きつけてからポリ袋に入れ、70℃に保った湯で火を通しても同様に仕上がります。

MEMO

ポン酢は果実みがあって酸味がおだやかなものを。わが家は高知県の「馬路村 ゆずの村ぽん酢しょうゆ」を使っています。粒マスタードは、クセのない「マイユ」が使いやすい。つけ合わせには、クレソンが相性ぴったり。

マッシュルームご飯

+PHOTO P29

材料(4人分)
ブラウンマッシュルーム・8個
玉ねぎ・½個
ご飯(温かいもの)・茶碗4杯
バター・20g
コンソメ顆粒・小さじ2
塩・小さじ½〜1
こしょう・少々
パセリ・適量

1. マッシュルームは5mmほどのさいの目切りにする。玉ねぎ、パセリはそれぞれみじん切りにする。
2. フライパンにバターと玉ねぎを入れ、中火で炒める。玉ねぎが透明になったら、マッシュルームを加えてさらに炒め、コンソメ顆粒、塩、こしょうで味つけをする。
3. ご飯に2を加えて混ぜる。器に盛り、パセリを散らす。

MEMO

ローストビーフとの相性が抜群なので、ぜひ一緒にどうぞ。混ぜご飯は、ピラフや炊きこみご飯よりもしっとりとして味にメリハリがきいていて、食べやすいのが魅力です。簡単にできるうえ、意外に脂っこくないので、ボリュームのある肉のローストとよく合います。
残ったマッシュルームご飯は温め直し、目玉焼きをのせて食べるのもおすすめ。

ほっとくだけレシピ

家にいるけれど、ほかにやらなければいけないことがあるとき、明日明後日のために作りおきしておきたいとき……に助かるのが、大鍋で時間をかけて煮込む、"ほっとくだけ"レシピ。そのままでは固くて食べづらいすね肉やかたまり肉などはじっくり煮込むことで柔らかくなり、しかもおいしいスープがとれるぴったりの食材です。難しいプロセスはなく、材料を鍋に入れるだけで、あとは時間がおいしくしてくれます。あえて塩味をつけずに作っておけば、アレンジは自在。野菜と合わせてポトフやスープに、柔らかい肉はホットサラダやサンドイッチの具に、と使い勝手はいろいろ。まさに忙しい主婦のためのお助けメニューだと思います。お好みの肉でぜひ作ってみてください。

たっぷり作れば使い勝手いろいろ。ベースとして活用できる

　一度作ればさまざまな料理に活用できる、シンプルな牛すね肉のスープ煮をこちらではご紹介します。一緒に煮込むのはしょうがと長ねぎの青い部分だけという、あえて味をつけない仕上がりにしているので、さまざまな料理のベースとして使えます。

　わが家ではまず、根菜と合わせて和風のポトフとしてスープごと楽しみます。クレソンやパクチーなど香味野菜をたっぷり加えてさっと煮れば、ハワイの名物料理、オックステールスープを思わせる味わいに。ご飯にかければクッパ風の汁かけご飯、浮かんだ脂を取り除いて冷やせば冷めんのスープ、コチュジャンやキムチを加えればチゲ鍋に、カレールウを加えれば牛すね肉のカレーに……用途は本当にいろいろです。

　いろいろだからこそ、多めに仕込むのがおすすめです。夫婦ふたりでも最低、すね肉のかたまりを3〜4個は使いたい。守るべきコツはひとつだけです。煮込んでいる途中、スープの量が少なくなってきたら、必ずお湯を注いで調整してください。水を注ぐとスープが濁ってしまうので、お湯を差すのがポイントです。

　豚のばら肉や肩ロース肉のかたまり、骨つきの鶏もも肉など、ほっておくだけでおいしくなる素材はいろいろあります。そこからどういうふうにアレンジするかを考えるのも楽しみのひとつ。お好みの味を見つけて活用してみてください。

牛すね肉のスープ煮 +RECIPE P38
ことこと煮込んだ滋味あふれるスープは使い勝手いろいろ

牛すね肉とクレソンのスープ +RECIPE P38
シャキシャキと半生に仕上げたクレソンの食感でさっぱり

牛すね肉の和風ポトフ +RECIPE P38
おいしいスープをたっぷり含んだ大根が何よりのごちそう

牛すね肉のスープ煮

+PHOTO P35

材料(作りやすい分量)
牛すね肉・1kg
長ねぎ(青い部分)・1本分
しょうが・1かけ
水・2ℓ

1.大きめの鍋に材料をすべて入れて沸騰させる。
2.あくが出てきたら取り、弱火で4時間ほど牛すね肉が柔らかくなるまで煮込む。最後に長ねぎを取り出す。

POINT

ときどき鍋の様子を見て、あくが出ていたら取り除く。肉が湯の中で浮かんでいる状態がベストなので、煮つまってきたら湯を足す。圧力鍋で同様に作ってもよい(30〜40分でできる)。はしでほぐれるくらいになればOK。あえて塩を加えないことで、アレンジがしやすくなる。

MEMO

肉を取り出し、スライスしたものを粒マスタードと塩だけで食てもおいしい。サンドイッチやサラダの具にしても。スープは汁かけご飯にしたり、うどんや冷めんのスープとしても使える(肉も具として)。

牛すね肉とクレソンのスープ

+PHOTO P36

材料(4人分)
牛すね肉のスープ煮(上記参照)・½量
クレソン・2束(60g)
酒・大さじ2
塩・小さじ1〜1½
こしょう・少々

鍋に牛すね肉のスープ煮を入れて温め、酒と塩、こしょうを加えて味を調える。でき上がる直前にクレソンを加え、さっと火を通す。

POINT

クレソンは煮込まず、最後に加えて仕上げると、風味も食感もよい。

牛すね肉の和風ポトフ

+PHOTO P37

材料(4人分)
牛すね肉のスープ煮(左記参照)・½量
大根・½本
酒・大さじ2
塩・小さじ1〜1½
青ゆずの皮・少々
ゆずごしょう・適宜

1.大根は2cm厚さの半月に切る。面取りをして、たっぷりの湯で透き通るまで下ゆでする。
2.鍋に牛すね肉のスープ煮を入れて温め、酒と塩を加えて味を調える。1の大根を加えて15分ほど煮込み、器に盛りつける。お好みでゆずごしょうを添え、削った青ゆずの皮を散らす。

POINT

大根を下ゆでするときは米のとぎ汁でゆでると、あくが抜けてよりおいしく仕上がる。

MEMO

れんこんやにんじん、ごぼうなど根菜類を加えても。

調理器具について

わが家には電子レンジがありません。キッチンにスペースがないことと、温め専門になってしまうから。冷凍ご飯などの冷たいものを温めるときは蒸籠があれば十分。ほかほかとおいしく蒸し上がります。なくてはならないのがスープやドレッシング作りに欠かせないバーミックスのハンドブレンダー。鍋やボウルに直接入れて使えるのでとても便利です。普段の調理には煮る、焼く、蒸すのどれもが得意で、しかも焦げつきにくいストウブを愛用しています。そして最近加わったのがバーミキュラのライスポット。ご飯が劇的においしくなっただけでなく、低温調理もできるといいこと尽くめの逸品です。

おいしいものがとにかく好き

インスタグラムをご覧になっている方はよくおわかりかと思いますが、私はとにかく食べることが大好きで常に食べもののことを考えていると言っても過言ではありません。自分で食べるだけでなく、家族はもちろん、友人、仕事仲間と私のまわりにいる人にもおいしいものを食べてもらいたいと思っています。

食いしんぼうなのは今に始まったことではなく、子どもの頃の思い出は常に食べものと連動して記憶に刻まれています。休日のドライブに持っていった、かに缶を使ったサンドイッチのしっとりした感触、京都で母と食べた九条ねぎとお揚げのうどんのだしの香り、いり番茶の香ばしさ。今思い返しても鼻腔にふわっと感じることができます。歯の矯正のために学校を休んで大学病院へ通っていたときも、治療に来たにもかかわらず、何を食べて帰ろうかと母にしつこく聞いていたとか、エピソードは枚挙にいとまがありません。

料理を作る楽しさを知ったのもその頃。祖母や母と一緒にマフィンを焼いたり、プリンやゼリーを作ったりするのが楽しくて仕方ありませんでした。ねだって買ってもらった子ども用の料理本に出てきた、ちくわを使った蒲焼きが自分ひとりで作った料理の始まりで

す。ちくわを縦に割って、みりんとしょうゆで煮からめるだけのものでしたが、父に日本酒に合うよと褒められてとてもうれしかったのが記憶に残っています。

それ以来、母から料理を教えてもらいながら、高校時代からは料理教室にも通うように。母は料理上手で手を抜くということが一切ない人でした。お店で食べた料理を自分なりにアレンジしたり、レシピブックを作ったりもしていました。母が残してくれたレシピの数々は今でも私の宝物になっています。

私が料理を作るときに心がけているのが、その日のテーマを考えるということ。例えば居酒屋風ならおつまみをちょこちょこと並べたり、イタリアンなら、生ハムとフルーツのカプレーゼなどの前菜とメインとパスタをコース仕立てにしたり……コースと言っても"なんちゃって"イタリアンですが、気分だけでも十分楽しいもの。そんなふうに献立を考えると買いものでも迷わず、マンネリ化することもない気がします。あとは無理をしないということでしょうか。なんでもイチから作るのではなく、市販品を上手に使うのもひとつの手です。レトルトなども食材のひとつと考えて利用すれば、ラクしながら本格的な味に近づけます。

ドレッシングまかせレシピ

若い頃に料理教室に通い、雑誌の連載とレシピ本の編集を担当したのをきっかけに、今も仲よくさせていただいているのが「エミーズ」を主宰されている井上絵美先生。リピートしているレシピはたくさんありますが、なかでも、わが家の定番になっているのが、しょうゆでコクを出した粒マスタードドレッシングと辛みの少ない新玉ねぎを使ったドレッシング。どちらも生野菜のサラダに使うだけでなく、お刺身や豆腐と合わせたり、焼いた肉や魚介にかけたりと使い勝手はいろいろ。風味豊かで複雑な味わいなので万能ソースとして大活躍。作っておくと本当に重宝します。

しょうゆのコクで深みが増し、和にも洋にも

粒マスタードドレッシング

材料(作りやすい分量)
粒マスタード・小さじ2
白ワインビネガー・大さじ1
しょうゆ・小さじ1
オリーブオイル・大さじ3
塩、こしょう・各少々

ボウルに材料をすべて入れ、混ぜ合わせる。
POINT
生野菜やサラダにかけるときは、直前にもう一度混ぜる。
MEMO
ゆでたりグリルした野菜、肉や魚を焼いたものにかけてもおいしい。

アボカドとスモークサーモン、紫玉ねぎのサラダ +RECIPE P47
紫玉ねぎが入ると大人っぽい配色に。ワインによく合います

クレソンとさやいんげん、マッシュルームのサラダ
生のままのマッシュルームが新鮮。食感の違いも楽しんで

さやいんげんとじゃがいも、たこのサラダ
ほくほくのじゃがいもにドレッシングをしみ込ませて味わい深く

アボカドとスモークサーモン、紫玉ねぎのサラダ

+PHOTO P45

材料(2人分)
スモークサーモン・8切れ
アボカド・1個
紫玉ねぎ・½個
ブロッコリースプラウト・1パック
ケッパー・大さじ1
レモンの絞り汁・適量
粒マスタードドレッシング(P44参照)・適量

1.アボカドは縦に約5mm厚さに切り、レモンの絞り汁をかける。紫玉ねぎは繊維に沿って薄切りに、ブロッコリースプラウトは根元を切ってほぐす。

2.紫玉ねぎ、アボカド、スモークサーモンを盛りつける。ブロッコリースプラウトと、ケッパーを散らし、食べる直前に粒マスタードドレッシングをかける。

クレソンとさやいんげん、マッシュルームのサラダ

+PHOTO P46

材料(2人分)
クレソン・1束(30g)
さやいんげん・10本
ホワイトマッシュルーム・8個
粒マスタードドレッシング(P44参照)・適量

1.クレソンは4cm長さに切る。さやいんげんは筋を取り、さっと塩ゆでして4cm長さに切る。マッシュルームは2〜3mm厚さに切る。

2.ボウルにさやいんげんとマッシュルームを入れ、粒マスタードドレッシングであえる。最後にクレソンをさっくりと混ぜ合わせ、器に盛る。

POINT
クレソンは最初から混ぜずに、最後にあえることでしゃっきり仕上がる。

MEMO
肉料理のつけ合わせにもぴったりな、すっきりした味わい。

さやいんげんとじゃがいも、たこのサラダ

+PHOTO P46

材料(2人分)
ゆでだこの足・1本
じゃがいも・2個
さやいんげん・8本
玉ねぎ(みじん切り)・小さじ2
アンチョビ・2枚
粒マスタードドレッシング(P44参照)・大さじ3〜4
パセリ・適宜

1.さやいんげんはゆでて長さを半分に切る。ゆでだこはぶつ切り、アンチョビはみじん切りにする。

2.ドレッシングに玉ねぎとアンチョビを加えてよく混ぜ合わせ、たことあえる。

3.じゃがいもはひと口大に切ってゆでる。柔らかくなったら水気をきって鍋をゆすり、粉ふきいもにする。

4.じゃがいもが熱いうちに2のたこ、さやいんげんを加えて味がなじむようによく混ぜる。器に盛り、お好みでパセリのみじん切りをのせる。

MEMO
アンチョビはアンチョビペースト小さじ1で代用してもよい。熱いままでも、冷めてもおいしい。

辛みの少ない新玉ねぎの時期にぜひ作ってみて

玉ねぎドレッシング

材料(作りやすい分量)
玉ねぎ・2個
酒・100㎖
みりん・100㎖
A 砂糖・大さじ3
　酢・150㎖
　しょうゆ・75㎖
　だししょうゆ・大さじ3
　太白ごま油・100㎖

1. 玉ねぎは繊維に沿って薄切りにする。
2. 鍋に酒、みりんを入れて火にかけ、アルコール分をとばす。火を止めてから、Aを加えて混ぜる。
3. 2の粗熱がとれたら玉ねぎを加えて混ぜる。保存容器に移し、冷めたら冷蔵庫で一晩ねかせる。

POINT
冷蔵庫で1週間の保存が可能。太白ごま油がなければサラダオイルでもOK。新玉ねぎを使うと味がなじみやすいので、よりおいしく仕上がる。すぐに食べたいときは玉ねぎをできるだけ薄切りにするとよい。
サラダだけでなく、肉や魚料理のソースとしても。

豚しゃぶと豆腐のサラダ　+RECIPE P57
ドレッシングのうまみでさっぱり食べられるヘルシーな一品

まぐろのサラダ
ごまの香ばしさとレアに仕上げたまぐろの相性が絶妙

+PHOTO P49

豚しゃぶと豆腐のサラダ

材料（4人分）
豚ロース肉（しゃぶしゃぶ用）・300g
豆腐・1丁
玉ねぎドレッシング（P48参照）・適量
レタス、クレソン・各適量

1. 豚肉は熱湯にさっとくぐらせ、ざるにとって水気をきる。葉物類は洗って、それぞれ食べやすい大きさに切る。
2. 器に1を盛りつけ、大きめのスプーンで豆腐をざっくりすくってのせる。玉ねぎドレッシングをところどころに盛る。

MEMO
豆腐の種類はお好みで。

+PHOTO P50

まぐろのサラダ

材料（2人分）
まぐろ・1さく
いりごま（黒）・大さじ3
サラダオイル・小さじ1
塩・少々
玉ねぎドレッシング（P48参照）・適量
五味薬味（MEMO参照）・適量

1. まぐろに塩をする。少しおいてからごまをまぶし、5分ほどおく。
2. フッ素樹脂加工のフライパンを中火で熱し、サラダオイルをなじませましたら、まぐろの表面を40秒ずつ焼きつける。
3. 器に五味薬味をのせ、1cm厚さに切ったまぐろを盛る。玉ねぎドレッシングをたっぷり添える。

POINT
まぐろに塩をして出てきた水分はふき取らず、ごまをはりつけるようにしてまぶす。

MEMO
五味薬味（作りやすい分量）
万能ねぎ½束は小口切り、みょうが3個はみじん切り、青じそ10枚は細切り、しょうが1かけはみじん切り、カイワレ1パックは1cm長さに切る。すべてをボウルに入れ、さっくりと混ぜて軽く水にさらす。水気をしっかりときり、冷蔵庫で冷やす。※めん類の薬味として、冷や奴や納豆などとも相性がよく、応用範囲は自在。

まんまるなフォルムが愛らしい

まるごとトマトサラダ

材料（2人分）
トマト・2個
玉ねぎドレッシング（P48参照）・40g
イタリアンパセリ・適量

1. トマトは湯むきする。
2. 器に玉ねぎドレッシングを盛り、その上にトマトを置く。イタリアンパセリを添える。

MEMO
パセリの代わりに青じそなどでも。トマトは熟したものを。くずしながら食べるとドレッシングとからんでおいしい。

食パンがあれば

バターたっぷりのクロワッサンやパリッと香ばしいバゲットも好きなのですが、わが家に常備しているのは食べ飽きないプレーンな角食パン。気取りのない普段着のおいしさとでも言うのでしょうか。浅草のペリカン、銀座のセントルザ・ベーカリー、湯河原（神奈川）のブレッド＆サーカスなど、お気に入りのお店では、必ず"1斤買い"します。

おいしい角食を手に入れたら、まずは焼きたてをそのまま楽しみます。そのあとに、あんことバターをはさんだ自家製あんバターサンドを作ったり、卵やツナのサンドイッチにしてそのしっとりとした柔らかさを楽しみます。香ばしくトーストしたものにはたっぷりのバターとはちみつやジャムを。ツナペーストと薄切りのアボカド、チーズをのせて焼いたメルトトーストはわが家の朝の大定番。ハムとチーズをはさみ、フラ

イパンにバターをたっぷり溶かして両面を香ばしく焼いたグリルサンドは、切ったそばからチーズがとろけ出し、ランチやビールのお供にも最高です。

食パンがあればおやつ作りも簡単。甘くないスポンジ生地だと考えれば、いろいろアイデアが湧いてきます。クリーム状にしたバターにシナモンと砂糖を混ぜたものを塗って焼いたシナモントースト、卵と牛乳にじっくりひたして焼いたパンプディング。サンドイッチ用の薄切りならフルーツとマスカルポーネチーズと生クリームを混ぜたものをはさんだフルーツサンド、パイ生地代わりに薄くスライスしたりんごをのせて焼けば、即席のアップルパイに——食パンはシンプルだからこそさまざまな食べ方が楽しめるもの。だからデニムのように何にでも合う食パンがキッチンにあるとなんだか安心できるのです。

熱を加えたアボカドのまろやかさとチーズの相性を楽しんで

アボカドツナメルトトースト

材料(1人分)
食パン・1枚
アボカド・1/2個
玉ねぎ・1/4個
マヨネーズ・大さじ2
ツナ缶・1/2缶
溶けるチーズ・大さじ2

1. 玉ねぎはみじん切り、アボカドは薄切りにする。
2. ツナは油(または汁け)をきり、マヨネーズ、玉ねぎとボウルに入れて混ぜ合わせる。食パンにたっぷりと塗る。
3. 2にアボカドをのせ、チーズを散らす。オーブントースターでこんがりと色づくまで焼く。

POINT
アボカドはなるべく薄く薄く切るとパンの上に並べやすく、見た目もきれい。

MEMO
「キユーピーのパン工房 ツナ&マヨ」を使えば、アボカドとチーズをのせて焼くだけ!

とろけてあふれるチーズとバターの香ばしさが最高

グリルチーズサンド

材料(1人分)
食パン・2枚
グリュイエールチーズ・1枚
ハム・1枚
バター・10g
きゅうりのピクルス・適宜

1. 食パンにハムとグリュイエールチーズをはさむ。
2. フライパンを熱してバターの半量を入れて溶かし、弱火にして1を焼く。うっすら焼き色がついたらいったん取り出す。
3. フライパンに残りのバターを入れて溶かし、パンを入れてもう片面も同じように弱火で焼く。焼き色がついたら、再度返す。フライパンに押しつけながら焼くのを2〜3回くり返し、両面に焼き色をつける。
4. 器に盛り、お好みでピクルスを添える。

POINT
食パンは8枚切りくらいの薄いものがおすすめ。焼きはじめの色はうっすらでよい。何度もひっくり返しながら焼くことで、パンもちょうどよく焼け、中のチーズも溶け出す。パンはフライ返しやグリルプレスなどで押しつけながら焼くと、食パン全体がカリッと焼ける。

できたてあつあつでも、冷めてから温かいソースとでもおいしい

パンプディング

材料(24×14cmの耐熱容器 1個分)
食パン・2枚
卵・2個
牛乳・300ml
砂糖・大さじ2
バニラオイル・少々
バター・適量
粉糖・適量

1. 食パンは大きめの角切りにする。オーブンは170℃に予熱する。
2. 耐熱容器にバターを塗る。ボウルに卵、牛乳、砂糖、バニラオイルを入れて混ぜ合わせ、耐熱容器に流し込む。角切りにしたパンを並べ、パンに卵液がしっかりしみ込むまで20～30分おく。
3. オーブンに 2 を入れ、20～30分焼き色がつくまで焼く。オーブンから取り出し、粗熱がとれたら粉糖をふる。

POINT
食パンは4～6枚切りくらいの厚いものが作りやすい。

MEMO
温かいうちはメイプルシロップなどをかけて。冷めたら、溶かしたバターとメイプルシロップの温かいソースを添えて。いちごやブルーベリーを散らしてもおいしい。

めんとご飯

世の中では太る、太ると悪者扱いされることも多い炭水化物ですが、そのおいしさはやっぱり何ものにも代えられないもの。わが家では手を替え品を替え食卓に登場させています。お昼どきによく登場するのが簡単にできて満足度の高いめん類メニュー。爽やかなレモンパスタに具材を替えて楽しむペペロンチーノ、魚卵満載の明太子パスタ、息子の大好物のかつおの冷製パスタなど。ご飯のアレンジは晩ごはんに一点豪華主義で。土鍋やストウブ鍋でどかんと食卓に出せば、あとはおひたしと汁物があれば大満足すること間違いなしです。

レモンパスタ +RECIPE P62
爽やかな酸味にクリームとチーズのまろやかさがたまらない

ベーコンと春菊のペペロンチーノ　+RECIPE P62
半生に仕上げた春菊はクセもなくやみつきになるおいしさ

かつおの冷製パスタ +RECIPE P63
息子の大好物！ カリカリにんにくとバルサミコ酢がポイント

明太いくらパスタ +RECIPE P63
ちょっと贅沢な魚卵のダブル使いで見た目もお腹も大満足

レモンパスタ

+PHOTO P58

材料（2人分）
パスタ（リングイネ）・200g
バター・20g
A 生クリーム・300mℓ
　パルミジャーノ・レッジャーノ（すりおろす）・大さじ4
　レモンの絞り汁・1個分
塩・少々
仕上げ用
　パルミジャーノ・レッジャーノ・適量
　レモンの皮・適量

1.フライパンを中火で熱し、バターを溶かす。Aを加えたら弱火にして煮溶かす。

2.パスタは表示の時間よりも30秒ほど早くゆで上げる。1のフライパンにパスタのゆで汁100mℓ（分量外）とともに加え、全体をよくあえる。味をみて、塩で味を調える。

3.器に盛りつけ、仕上げ用のパルミジャーノ・レッジャーノとレモンの皮をそれぞれすりおろして散らす。お好みでレモンの薄切り（分量外）を添える。

POINT

ペンネやフェトチーネ、スパゲティなどお好みのパスタでどうぞ。酸味が苦手な場合はレモンの絞り汁を半量に減らす。ソースは状態を見て、とろみが強すぎると感じたらゆで汁で調節を。

ベーコンと春菊のペペロンチーノ

+PHOTO P59

材料（2人分）
パスタ（スパゲッティーニ）・200g
ベーコン・6〜7枚
春菊・1束
にんにく・1かけ
赤唐辛子・1本
オリーブオイル・大さじ2
パルミジャーノ・レッジャーノ（すりおろす）・大さじ2
塩・少々

1.ベーコンは3cm幅、春菊は半分の長さに切る。にんにくは薄切り、赤唐辛子は半分に切って種を取る。パスタは表示通りにゆでる。

2.フライパンにオリーブオイルとにんにく、赤唐辛子、ベーコンを入れて中火で熱する。香りが立ってきたら、ゆで上がったパスタとゆで汁大さじ3〜4（分量外）を加え、全体をあえる。

3.春菊とパルミジャーノ・レッジャーノを加え、さっと全体を混ぜ合わせる。味をみて、塩で味を調える。

POINT

春菊にしっかり火を通さないのがコツ。最後に加えてサラダ感覚で仕上げる。春菊のほか、クレソンや水菜でも。
パスタは細めのものが相性よい。

パスタのゆで方

わが家のパスタレシピは、あらかじめパスタに塩味をしっかりめにつけ、ソースの塩分を控えめにしています。メーカーの表示よりやや多いかもしれませんが、その分、ソースでバランスをとっています。この本で紹介しているレシピはいずれもこちらを基準にしています。

パスタ・160〜200g
湯・3ℓ
塩・45g

かつおの冷製パスタ

+PHOTO P60

材料(2人分)

パスタ(フェデリーニ)・200g
かつお・½さく
エシャロット・½個
にんにく・1かけ
バジル・1枝
オリーブオイル・大さじ4
バルサミコ酢・大さじ3
塩・小さじ1
こしょう・少々

1.にんにく、エシャロットはみじん切り、バジルの葉はせん切りにする。かつおは1cmの角切りにする。

2.フライパンにオリーブオイルとにんにくを入れ、弱めの中火でカリッとして香りが出るまで炒め、冷ます。完全に冷めたら、エシャロット、バジルの葉、バルサミコ酢、塩、こしょうを加えて混ぜ、ソースを作る。

3.ボウルに2のソースの⅓量を入れ、かつおとあえたら冷蔵庫で冷やす。パスタは表示通りにゆでて冷水にとる。しっかりと水気をきり、残りの2のソースであえる。

4.器にパスタを盛り、かつおをのせて、バジルの葉(分量外)を散らす。

POINT

かつおは刺身のほかにたたきなどでもおいしくできる。パスタはキッチンペーパーなどを使って水分をしっかり取ること。フェデリーニやカッペリーニなどパスタは細めのものがおすすめ。

かつおのソース、パスタ、すべてが冷たいほうがおいしいので、盛りつける器も冷やしておくと◎。

MEMO

かつおの代わりにまぐろの赤身でもおいしい。

明太いくらパスタ

+PHOTO P61

材料(2人分)

パスタ(スパゲッティーニ)・200g
明太子・2本
いくら・大さじ2〜3
青じそ・4枚
バター・20g

1.バターは室温に戻す。パスタは表示通りにゆでる。青じそはごく細いせん切りにする。

2.ボウルに明太子を入れてほぐし、バターと混ぜ合わせる。ゆでたてのパスタを加えてよくからめる。

3.器に2を盛り、青じそといくらを飾る。

POINT

冷たいバターはめんとからみにくいので、冷蔵庫から出して柔らかくしておく。

MEMO

いくらの代わりにうにやとびっこでもOK。
途中でキムチを加えて"味変"するのも楽しい。

おいしいヒント1

パスタは太さによっておいしさが違う

さまざまな太さや形状があるパスタ。料理との相性を知っているとよりおいしくなると思います。にんにくと唐辛子でシンプルに味わうペペロンチーノは"素そば"感覚で食べたいので、1.6mmくらいのスパゲッティーニやちょっと細めのフェデリーニがおいしい。冷製パスタも細めんを。濃厚なクリームや肉のラグー系には、ソースに負けない太めんがバランスよし。それからパスタといえばゆで加減。アルデンテ至上主義ですが、もちもちっとした食感を楽しみたい和風のパスタなら、ちょっと柔らかめでも悪くない気がします。

豚ばらごま汁つけめん +RECIPE P68
あつあつのごま汁に冷たい稲庭うどんはいくらでも食べられます

グリーンカレーつけめん　+RECIPE P68
ピリ辛のエスニック風味が新鮮。レトルトを使えば簡単

ピーマンとしいたけの塩昆布焼きそば +RECIPE P69
塩昆布が味の決め手。驚くほど味わい深い大人の焼きそば

ごまだれ 冷やし中華 +RECIPE P69
トマトとパクチーをたっぷり加えてエスニック風味に

豚ばらごま汁つけめん

+PHOTO P64

材料(2人分)
稲庭うどん(乾めん)・160g
豚ばら肉・100g
えのきだけ・1袋
長ねぎ・⅓本
練りごま(白)・大さじ2
めんつゆ(3倍希釈タイプ)・100ml
水・300ml
塩・少々
すりごま(白)・適宜

1. 豚ばら肉はひと口大に切る。えのきだけは石づき
を切ってほぐす。長ねぎはななめ切りにする。
2. フライパンで豚ばら肉を中火で炒め、脂が出てき
たらえのきだけ、長ねぎを加えてさらに炒め合わせる。
3. 2に水を加え、ひと煮立ちしたらめんつゆと塩で
味を調える。練りごまを加えて混ぜ溶かし、熱いまま
器に入れる。お好みですりごまをふる。
4. うどんをゆで、冷水で締めて器に盛る。すだちの
輪切り、みょうがとあさつきの小口切り(いずれも分量
外)を添えても。

POINT
練りごまが固くて溶けにくいときは、鍋のだし汁少々であ
らかじめ溶いてから加える。
甘めの味が好きならみりんを作り方2で加え、ひと煮立ち
させる(あとの作り方は同様に)。薬味には、黒七味唐辛子
も相性がよい。

MEMO
つけ合わせには、きゅうりのしょうがあえがさっぱりして
相性抜群。きゅうりは四つ割りにし、4cm長さに切る。し
ょうがのせん切り、塩、だししょうゆ、太白ごま油各少々
であえる。

グリーンカレーつけめん

+PHOTO P65

材料(2人分)
稲庭うどん(乾めん)・160g
ささみ・3本
なす・2本
パプリカ・½個
ピーマン・2個
めんつゆ(3倍希釈タイプ)・100ml
水・300ml
グリーンカレー(レトルトタイプ)・1袋(200g)
パクチー・適量
レモン・適量

1. ささみはそぎ切りにする。なす、パプリカ、ピー
マンはひと口大に切る。
2. 鍋にめんつゆと水を入れ、ささみ、なす、パプリ
カ、ピーマンを加えて中火でひと煮立ちさせる。グリ
ーンカレーを加えて温め、熱いまま器に入れる。
3. うどんをゆで、冷水で締めて器に盛る。パクチー
とレモンを添える。

MEMO
グリーンカレーは、「ヤマモリタイカレー グリーン」がお気
に入り。辛いのが好きな方は無印良品の「素材を生かした
カレー グリーン」もおすすめ。

ピーマンとしいたけの 塩昆布焼きそば

+PHOTO P66

材料（2人分）
蒸しめん（焼きそば用）・2袋
ピーマン・4個
しいたけ・4個
にんにく・1かけ
塩昆布・大さじ2
塩・少々
ごま油・大さじ3

1. ピーマンは横に細切り、しいたけは薄切りにする。にんにくはみじん切りに。
2. フライパンを中火で熱し、ごま油をなじませる。にんにくを入れ、香りが出てきたら、しいたけとピーマン、塩を加えて炒める。全体に油がまわったら、めんを加えてさらに炒める。
3. 火を止め、塩昆布を加えて混ぜる。

POINT
塩昆布は、花錦戸の「まつのはこんぶ」を使用。すっぽんのだしを使っていて山椒の風味もきいた逸品。

MEMO
しょうが1かけ分のみじん切りを入れると、爽やかな味わいになる。ボリュームを出したいときは、豚ばら肉やささみの細切りを加えてもよい。

ごまだれ 冷やし中華

+PHOTO P67

材料（2人分）
中華めん（冷やし中華用）・2袋
付属のごまだれ・2袋
ささみ・3本
きゅうり・1本
フルーツトマト・2個
パクチー・適量
酒・小さじ2
塩・適量（ささみ、めん用）
ごま油・小さじ1～2

1. ささみは酒と塩少々をふる。きゅうりは細切り、トマトは4等分に切る。めんはゆでて冷水にとって締め、水気をきってごま油と塩少々をからめる。
2. 鍋にささみがかぶるくらいの水を入れてささみをゆでる。中まで火が通ったら取り出し、細くさく。ゆで汁に戻して冷蔵庫で冷やす。
3. 器にめん、トマトときゅうり、ちぎったパクチーの葉、ささみを盛りつける。たれを全体に回しかける。

MEMO
お好みで食べるラー油を回しかけても。フルーツトマトの代わりにミニトマトを半分に切ったものでもOK（ふつうのトマトは水気が多いので避けて）。

おいしいヒント 2
市販のめん製品を
上手にカスタマイズ

わが家は家族揃ってめん好き。お店で食べるだけではなく、家でもよく食べます。そんなときに重宝するのが市販のめん製品。そのまま食べるのではなく、それらをベースにアレンジを加え、自分好みにカスタマイズ。「サッポロ一番　塩らーめん」にはキャベツなどの野菜にトマトも加えてトマトタンメンに、「中華三昧 酸辣湯麺」にはトマトや豆腐、えのきだけを加えて。スープたっぷりが好きなので、袋に書かれた分量よりも水を多めにして作り、そのぶん、鶏ガラスープの素や中華風調味料のウェイパーなどでコクを補います。

梅入り鯛めし +RECIPE P74
切り身で気軽に楽しむ土鍋ご飯。隠し味の梅干しでさっぱり

たけのこご飯 牛しぐれ煮のせ +RECIPE P74
こってり仕上げたしぐれ煮でごちそう感がいっそうアップ

しめさばご飯 +RECIPE P75
焼いたしめさばで酢飯いらず。たっぷりの薬味が決め手

豚ばらとエリンギの混ぜご飯 +RECIPE P75
バターじょうゆの香ばしさがご飯の甘さを引き立てます

+PHOTO P70

梅入り鯛めし

材料(4人分)
鯛(切り身)・2枚
米・2合
A 水・360㎖
  塩・小さじ½
  酒・大さじ1
  しょうゆ・少々
梅肉・小さじ2

1.鯛の切り身は塩少々(分量外)をふり、10分ほどおく。熱湯にさっとくぐらせて取り出し、水けをふく。米はといでざるに上げる。

2.土鍋に米とAを入れ、鯛をのせる。梅肉をところどころに散らし、ふたをして中火にかける。沸騰したら弱火にして13分炊き、火を止めて5分蒸らす。

POINT
鯛の湯引きは表面の色が変わればOK。食べるときに鯛を取り出し、骨と皮をはずして取り分ける。

MEMO
梅肉はチューブタイプでも、梅干しをたたいたものでもどちらでも。赤みが強いものは全体がさくら色になり、お祝いの席にもぴったり。

おいしいヒント 3

薬味で見た目も
おいしさもアップ

薬味の存在は偉大です。茶系の世界に散らされた、あさつきや三つ葉、青じそなどの鮮やかな緑の香味野菜たち。見た目はもちろんのこと、食感もおいしさも格段にアップしてくれる名脇役です。エスニックならパクチーを。すだちやゆず、レモンなどの柑橘系は、ひと絞りするだけで爽やかさが増します。夏場なら、万能ねぎ、青じそ、カイワレ、みょうが、しょうがを細かく刻んでさっと水にさらした"五味薬味"(P51参照)を冷蔵庫に常備しておくと、めん類や刺身、焼いた魚や肉など何にでも合わせやすくて重宝します。

+PHOTO P71

たけのこご飯 牛しぐれ煮のせ

材料(4人分)
ゆでたけのこ・1本(約150g)
米・2合
A だし汁・360㎖
  酒・大さじ1
  しょうゆ・大さじ2
  塩・少々
牛しぐれ煮(MEMO参照)・適量
木の芽・適量

1.米はといでざるに上げる。たけのこは2㎝長さの短冊切りにする。

2.土鍋に米とAを入れ、10分おく。

3.2にたけのこをのせ、ふたをして中火にかける。沸騰したら弱火にして15分炊き、火を止めて5〜10分蒸らす。牛しぐれ煮と木の芽をのせ、全体をさっくり混ぜて器に盛る。

POINT
たけのこの時期は、ぜひ自分でゆでたものを。深さのある鍋に切り目を入れたたけのことたっぷりの水を入れて強火にかける。沸騰したら落としぶたをして弱めの中火で1時間30分〜2時間ゆでる。水の量が少なくなったらそのつど足す。根元に竹串をさして火が通っていればゆで上がり。鍋に入れたまま冷ます。

MEMO
牛しぐれ煮(作りやすい分量)
鍋にしょうゆ大さじ4、砂糖大さじ2、酒大さじ3、みりん大さじ4、しょうがの薄切り2〜3枚と水100㎖を入れて煮立たせる。ひと口大に切った牛薄切り肉400gを加え、汁気がなくなるまで煮る。火を通しすぎないのがコツ。

しめさばご飯

+PHOTO P72

材料（4人分）

しめさば・半身2枚

ご飯（温かいもの）・茶碗4杯

きゅうり・1本

A がり（粗みじん切り）・大さじ2
みょうが（小口切り）・3個
青じそ（せん切り）・8枚
万能ねぎ（小口切り）・5本

いりごま（白）・大さじ1

塩・小さじ1〜1½

すだち・1個

1. しめさばは魚焼きグリルでさっと焼いてほぐす。きゅうりは小口切りにし、塩（分量外）でもんで水気を絞る。Aはすべてボウルに入れ、混ぜ合わせる。

2. ご飯にしめさばとAの⅔量、塩とごまを加えてさっくり混ぜる。器に盛りつけ、きゅうりと残りのAをのせ、半分に切ったすだちを添える。

POINT

しめさばを使うことで酢飯でなくてもさっぱり仕上がる。Aを五味薬味（P51参照）に代えてもおいしくできる。

MEMO

しめさばの代わりにあじやかますなどの干物を混ぜてもおいしい。焼いてほぐし、骨を取ったら酢じょうゆにさっとつければOK。

豚ばらとエリンギの混ぜご飯

+PHOTO P73

材料（4人分）

豚ばら肉・150g

ご飯（温かいもの）・茶碗4杯

エリンギ・2パック

にんにく・½かけ

バター・20g

しょうゆ・小さじ2

コンソメ顆粒・小さじ1

塩・小さじ½〜1

こしょう・少々

パセリ・適宜

1. 豚ばら肉は2cm幅に切る。エリンギは長さを半分に切り、縦に3〜5mmスライスにする。にんにくはみじん切りに。

2. フライパンを中火で熱してバターを溶かし、にんにくを炒める。香りが立ってきたら豚肉を加えてさっと炒め、エリンギを加える。

3. エリンギがしんなりしてきたらコンソメ顆粒、塩、こしょう、しょうゆを回しかけ、全体を混ぜる。

4. ご飯に3をのせる。お好みでパセリのみじん切りを散らす。

POINT

エリンギの食感がおいしいので、あまり薄くスライスしないこと。肉とエリンギ、ご飯は温かいうちに合わせる。

器の話

　父方の祖父がスウェーデンに本社のあるメーカーの支社長をしていたこともあって、実家の食器棚にはアラビアやロールストランドなど北欧の器が並んでいました。なかでも大好きだったのが白地にネイビーとちょっとグレーがかったグリーンのスミレ柄が描かれたロールストランドのシルヴィア。可愛いのにすっきりしていて、結婚したときにも分けてもらいました。今ではリアルヴィンテージになってしまいましたが（笑）、シンプルでどこかほっこりと温かみのある北欧食器は、私の作る"ガッツリモリモリ"の男っぽい料理にしっくりなじんでくれます。丈夫で使いやすいこともあって、自分でもヴィンテージショップなどをのぞいて買い足すようになりました。

　派手な色めのものは少なく、ネイビーやモスグリーンなど染付や織部に通じる渋めの色が好みです。和食器もまたしかりで、シンプルでしっかりとした芯のあるものが自然と多くなってきました。作家ものなら、小澤基晴さんや余宮隆さん、大沼道行さんの作品の大ファン。和食だけでなく、洋食や中華にも合う懐の深さが魅力です。人気の作家さんだけになかなか手に入らないのが悩みですが、個展に通ってご縁のあるものをちょっとずつ。プリミティブな魅力のある小石原焼や小鹿田焼も九州の旅先で出会ったご縁のある器です。見るとついついほしくなってしまうのが器の魅力ですが、数年前に食器棚の中を整理して、今では気に入ったものを大切に使うようになりました。

　普段の食卓は大皿や大鉢にざっくり盛りつけて、各自で取り分けるスタイルが基本です。色のトーンや質感を合わせれば、食卓に並んだ料理たちがしっくりまとまるような気がします。

野菜の小さなおかず

いくら茶色めしが好きだといっても、さすがに
そればかりでは飽きてしまいますし、体にもよ
くありません。メインの料理を引き立てつつ、
おつまみにもなってくれる小さなおかずをちょ
こちょこ用意しておくと、毎日の食事がとても
豊かになります。簡単にできるものなら、すぐ
にごはんを作らないといけないときでも、さっ
と出せて次の料理までの時間を稼げるのでとて
も便利です。そうした小さなおかずの主役にな
るのが、色とりどりの野菜たち。トマトやキャ
ベツ、きゅうり、にんじんなどは季節を問わず
冷蔵庫に常備しています。そこに旬のものを加
えれば、よりバリエーション豊かに。調味料や
調理法で洋風、和風、中華、エスニックとアレ
ンジして楽しんでいます。

梅干しの酸味でさっぱり。野菜がたっぷり食べられるのがうれしい

アスパラガスなどで

緑野菜の梅風味煮びたし

材料(作りやすい分量)
アスパラガス・4本
小松菜・2株
ブロッコリー・½個
きぬさや・40〜50g
梅干し・2個
A だし汁・600mℓ
　酒・大さじ1
　塩・小さじ½〜1
　しょうゆ・小さじ2

1. アスパラガスは4cm長さ、小松菜は4等分に切る。ブロッコリーは小房に分け、きぬさやは筋を取る。

2. 1の野菜はそれぞれ固めに下ゆでし、ボウルに入れる。梅干しは種を取って大きくちぎる。

3. 鍋にAを入れて中火にかける。沸騰したら火を止め、熱いうちに2のボウルに注ぐ。梅干しを加えてそのまま冷ます。

POINT
野菜は固めにゆでたほうが色鮮やかに仕上がる。
冷めるときに味が入るので、必ず冷ましてから食べる。
野菜の長さは、きぬさやにそろえるとよい。

ニョクマムとゆで卵だけで驚くほど絶品なソースになります

キャベツで

ゆでキャベツのニョクマムソース

材料(2人分)
キャベツ・6枚
ゆで卵・2個
ニョクマム・大さじ3〜4
水・大さじ3
パクチー・適宜

1. キャベツはひと口大より少し大きめに切り、塩少々(分量外)を加えた熱湯でさっとゆでる。ゆで卵は半分に切る。

2. ゆでたキャベツを器に盛り、別の小皿にニョクマムと水、ゆで卵を入れる。卵をくずしてニョクマムと混ぜ、ソースとしてキャベツとともに食べる。お好みでパクチーの葉をちぎって添える。

POINT
ゆで卵は固ゆでのほうがニョクマムと混ざりやすい。

MEMO
ニョクマムの代わりにナンプラーやしょっつるなどでも。キャベツはあらかじめ氷水に10分ほどつけておくと、パリッとみずみずしくなります。もやしや青菜類も見違えるように元気になるので、調理前の下ごしらえとしてぜひやってみてください。

いつもの蒸しなすがアンチョビとミントでイタリア風に変身

なすで

蒸しなす イタリア風

材料（2人分）
なす・4本
アンチョビ・2枚
オリーブオイル・大さじ4
A レモンの絞り汁・1/2個分
　白ワインビネガー・小さじ2
　塩・少々
　こしょう・少々
ミント・適宜

1. なすはへたを取って縦4等分に切り、塩小さじ1/2（分量外）をふる。少しして出てきた水分はキッチンペーパーでふき取る。アンチョビは細かく刻む。
2. フライパンにオリーブオイルとアンチョビを入れ、焦がさないように中火でさっと炒める。火から下ろし、Aを加え、混ぜ合わせる。
3. なすが柔らかくなるまで、10分ほど蒸す。器に盛り、2を回しかける。お好みでミントの葉をちぎって添える。
MEMO
おろししょうがに酢、しょうゆ、ごま油を合わせた中華風のたれもおいしい。

甘酸っぱいいちごと色とりどりのミニトマトでより華やかに

トマトで

トマトといちごのブッラータ

材料（2人分）
ブッラータ・1個
ミニトマト・1パック
いちご・8粒
A バルサミコ酢・大さじ1
　オリーブオイル・大さじ2
　にんにくのみじん切り・少々
　塩・小さじ½
　こしょう・少々

1．ミニトマト、いちごは食べやすい大きさに切る。
2．ボウルにミニトマトといちごを入れ、Aを加えてあえる。
3．器に盛り、ブッラータをのせる。お好みでオリーブオイル、こしょう（各分量外）をかける。

POINT
食べるときにブッラータにナイフを入れ、とろりと広げてトマトといちごにからめて食べる。

MEMO
トマトの種類はお好みで。フルーツトマトやカラフルトマトなどでも。
ブッラータとは、モッツァレラと生クリームが詰まった、イタリア産のきんちゃく状のチーズ。ないときはフレッシュなモッツァレラでも。

日本酒でたらこをほぐせば、パラパラふんわり口当たりよく

にんじんで

にんじんのたらこ炒め

材料(2人分)
にんじん・1本
たらこ・1本
酒・大さじ1
サラダオイル・小さじ2

1. にんじんは細切りにする。たらこは薄皮を取り、酒を加えてほぐす。
2. フライパンにサラダオイルを中火で熱する。にんじんを入れて炒め、しんなりしてきたら、1のたらこを加えてさっくりと炒め合わせる。

POINT
にんじんは、おろし器やにんじんしりしり器などを使っても。味がしみやすいのでおすすめ。
たらこは半生くらいでおいしいので、火を通しすぎないのがコツ。

うまみたっぷりのおかかとにんにくのそぼろで、ご飯が進む一品に

きぬさやのおかか炒め

材料(2人分)
きぬさや・100g
かつおぶし・1パック(5g)
にんにく・1かけ
しょうゆ・大さじ1
塩、こしょう・各少々
サラダオイル・大さじ1

1. きぬさやは筋を取り、水に30分ほどつける。にんにくはみじん切りにする。
2. フライパンにサラダオイルとにんにくを入れ、香りが立つまで中火で炒める。かつおぶしとしょうゆを加えてさっと炒める。
3. 2にきぬさやを加え、炒め合わせる。塩、こしょうで味を調える。

POINT
きぬさやは冷水につけておくことで、しゃっきりと歯ごたえよく仕上がる。
かつおぶしは、いるような感じでパリッと炒める。

刻んだ塩昆布と隠し味に加えたお酢でオクラがおつな味わいに

オクラで

オクラの塩昆布あえ

材料(2人分)
オクラ・7〜8本
酢・小さじ1
だししょうゆ・小さじ1
塩昆布・小さじ1

1. オクラはへたとがくを切り落とし、塩少々（分量外）でうぶ毛をこすり取る。
2. 鍋にたっぷりの水を沸騰させ、オクラを色が変わるくらいにさっとゆでて、水にさらす。冷めたら半分くらいのななめ切りにする。
3. 2をボウルに入れ、酢、だししょうゆ、塩昆布を加えてあえる。

MEMO
オクラのうぶ毛の処理は、全部まとめて板ずりしてもよい。塩昆布については、P69参照。

パクチーの爽やかさがきいた、箸休めとして最高なさっぱり味

きゅうりのパクチーあえ

きゅうりで

材料（2人分）
きゅうり・3本
パクチー・1株
にんにく・½かけ
A ニョクマム・大さじ2
　レモンの絞り汁・大さじ2
　太白ごま油・大さじ2
　砂糖・1つまみ

1. きゅうりは皮を縞状にむき、縦半分に切る。種の部分をスプーンなどで取り除き、ななめ切りにする。
2. にんにくはみじん切りにする。パクチーは葉をざく切り、茎をみじん切りにする。
3. ボウルににんにく、パクチーの茎、Aを入れて混ぜ、ドレッシングを作る。
4. 3のボウルにきゅうりとパクチーの葉を加えてざっとあえる。

POINT
きゅうりは種を取ることで口当たりがぐんとよくなる。

生のまま食べるマッシュルームのおいしさに目覚めるはず

マッシュルームで

マッシュルームのパルミジャーノサラダ

材料（2人分）
マッシュルーム・1パック
セロリ・1本
松の実・大さじ2
イタリアンパセリ・2〜3茎
パルミジャーノ・レッジャーノ
　・大さじ3
塩、こしょう・各少々
レモン・1/2個
オリーブオイル・大さじ2

1. マッシュルーム、セロリは薄切りにする。イタリアンパセリは粗めに刻む。松の実は中火のフライパンで色づくまでからいりする。
2. 器にマッシュルームとセロリを盛る。塩、こしょうをして、松の実、パルミジャーノ・レッジャーノ、イタリアンパセリを散らし、レモンを絞る。食べるときにオリーブオイルを回しかける。

POINT
マッシュルームはあればブラウンがおすすめ。
パルミジャーノ・レッジャーノは食べる直前に削るとおいしい。たっぷりとかけるので、塩は控えめに。

とろけたチーズのコクとれんこんのパリパリ食感が後を引きます

れんこんで

れんこんのソテー チーズのせ

材料(2人分)
れんこん・30〜40g
溶けるチーズ・60g
オリーブオイル・小さじ2
クレオールスパイスミックス
　・少々

1. れんこんは皮をむいて5mm厚さの輪切りにし、水にさらす。
2. フッ素樹脂加工のフライパンにオリーブオイルを入れて中火でなじませ、水気をきったれんこんを重ならないように並べる。
3. 弱火にして溶けるチーズを散らす。チーズが溶けたら火を止め、クレオールスパイスミックスをふる。

POINT
チーズはピザ用でもよいが、より細かいタイプだと溶けやすく使い勝手がよい。

MEMO
クレオールスパイスミックスは、パンケーキ専門店APOC(アポック)の製品で、9種のスパイスとハーブをブレンドしたもの。ネットでも購入可能(http://www.sasser.ac/apoc/index.html)。塩、こしょう、パプリカ、カイエンペッパー、クミンなどをお好みで混ぜて代用しても。

バニラアイスクリームがあれば

家でのんびり過ごす休日のおやつやごはんの後に、何かデザートがあるとうれしいもの。お気に入りの店のケーキや和菓子ももちろんおいしいのですが、冷凍庫にバニラアイスクリームがあれば、生クリームを泡立てたりする手間もなく、ただすくうだけで簡単に自家製スイーツを作ることができます。ミルクのおいしさが生きたバニラアイスクリームは、どんなものと合わせてもけんかしないどころか、それぞれの持ち味をまろやかに引き立ててくれるのが魅力。季節のフルーツの爽やかな酸味、コーヒーや抹茶の苦み、あんことの相性も抜群です。

いちごの季節になると必ず作るのが、バルサミコ風味をつけてバニラアイスに添えたもの。これは若かりし頃に通ったイタリア料理の名店、飯倉のキャンティのデザートで、すっかりファンになってしまった組み合わせです。正式な作り方はわからないので自己流で作っているのですが、バルサミコ酢のコクといちごの酸味があいまってなんとも言えないおいしさなのです。りんごの季節にはバターと砂糖でカラメリゼした香ばしいキャラメルソテーと。苦みが強いコーヒーゼリーをクラッシュしたものと合わせれば、パフェのようなコーヒーフロートに。缶詰の粒あんと自家製の白玉とも相性がよく、シンプルにコーラに浮かべればコーラフロートに──家に常備してあるものと組み合わせるだけで簡単におやつが完成します。

ちなみに、使い勝手がいいと思うのは濃厚でミルキーな味わいの「ハーゲンダッツ」。アップルパイ風（P93）との相性はぴったりです。クセのない味わいで、柔らかくすくいやすい「スーパーカップ（明治エッセル）」はフロートに。そのまま食べてもアレンジしてもおいしいバニラアイスクリームは、わが家にとって欠かせない"デザートの素"なのです。

バルサミコ酢のコクで味わいにぐんと深みが増します

いちごソース添え

材料(2人分)
バニラアイスクリーム・適量
いちごソース
　いちご・8〜12粒
　バルサミコ酢・小さじ1
　砂糖・大さじ1
　レモンの絞り汁・小さじ1
くるみ・適量

1. いちごはボウルに入れ、フォークなどで粗くつぶす。残りのソースの材料を加えて混ぜ合わせる。
2. くるみは適当な大きさに砕く。器にアイスクリームを盛り、1のソースをたっぷりとかけ、くるみを散らす。

POINT
季節によっていちごの大きさや酸味などが違うので砂糖の量は味をみて調節を。

MEMO
キャラメルがけのナッツや、アーモンド、グラノーラなど、トッピングはお好みで。

クラッシュタイプのコーヒーゼリーで簡単にパフェ仕様

コーヒーゼリーミルク

材料（3人分）
バニラアイスクリーム・適量
コーヒーゼリー
　（無糖／市販）・300㎖
牛乳・300㎖

1. コーヒーゼリーはフォークなどで細かくする（加減はお好みで）。
2. 1をグラスに入れ、牛乳を注ぐ。バニラアイスクリームをそっとのせる。

MEMO
市販のコーヒーゼリーを使って気軽に楽しめる一品。わが家ではパック入りのもの（「猿田彦珈琲のクラッシュドコーヒーゼリー」）を使っていますが、カップなどに入っているものでも。

あつあつのキャラメルソテーと冷たいアイスのコントラスト

アップルパイ風

材料（2人分）
バニラアイスクリーム・適量
りんご・1個
レーズン・大さじ2
バター・10g
砂糖・大さじ1

1. りんごは1〜2cmの角切りにする。
2. フライパンにバターを入れて中火で熱し、りんごとレーズン、砂糖を入れて炒める。砂糖が溶け、全体がとろりとしてきたら、火を止める。
3. 器にアイスクリームを盛り、2を添える。

POINT
りんごのソースは熱いうちに盛りつけると、アイスクリームが溶けて混ざり、クリーミーになってよりおいしくなる。

MEMO
りんごは紅玉やジョナゴールドなど、酸味のあるものがおすすめ。お好みで薄切りのトーストを添え、シナモンをふっても。

さいごに

　編集ライターという職業柄、これまでも料理の連載
やレシピ本を担当したことはあったのですが、まさか
自分の料理をプロのカメラマンが撮って、それが本格
的な料理本になってしまうとは夢にも思いませんでし
た。もちろん料理は好きですが、材料は目分量だし、
カン頼りに作るおおざっぱな料理とプロの料理研究家
さんが作る料理とはそもそも完成度が違います。

　レシピをちゃんとまとめることができるのか、それ
に写真に耐えられる料理を一度に何品も作ることがで
きるのか、本当に引き受けてしまって大丈夫なのか、
真剣に悩みました。なかなか答えを出せなかった私に、
「絶対に大丈夫！」と根拠のない(笑)励ましの言葉とと
もに背中を押してくださった編集の山本忍さん。ファ
ッション撮影の繁忙期にすぐに逃げ出そうとする私に
根気強くつきあってくださいました。

　どうせ撮ってもらうなら一生大切にできる本にした
いとのお願いを引き受けてカッコよく、そしておいし
そうに撮ってくださったカメラマンの結城剛太さん。
私の持っている器を使いながら素敵なスタイリングに
仕上げてくださったスタイリストの鈴木裕子さん、そ
してフーディーとして料理撮影のあれこれやレシピ作
りに協力してくださった木立尚子さん。ブックデザイ
ンは私が愛用してきた料理本の多くを手掛けられた憧
れの若山嘉代子さんが担当してくださいました。多く
の方々に支えてもらい、完成した初のレシピ本。楽し
んでいただけましたら幸いです。

ariko

ariko

『CLASSY.』『VERY』『HERS』の表紙や
ファッション、食関係等の企画を担当する編集ライター。
大学生の息子と夫の3人家族。
おいしそうな料理にセンスあふれる器使い、
信頼できるお店情報など、おいしいもの好きが注目する
インスタグラム「@ariko418」は、現在(2023年2月)、
フォロワー数が20.7万人を超える人気となっている。
『arikoの食卓』『arikoの食卓 もっと食べたい』(ともにワニブックス)
に続くこの本は、待望の初レシピ本。

撮影　結城剛太

スタイリング　山口裕子

ブックデザイン　若山嘉代子 L'espace

レシピ協力　木立尚子

撮影協力　AROUND THE CORNER
　　　　　ストウブ(ツヴィリング)
　　　　　レヴォル、ジアン、SABRE、ルイジ・ボルミオリ日本事業部(以上デニオ総合研究所)

講談社のお料理BOOK

arikoのごはん
私もみんなも好きな味

2017年12月14日　第1刷発行
2023年3月3日　第4刷発行

著者　ariko
©ariko 2017, Printed in Japan
発行者　鈴木章一
発行所　株式会社 講談社
　　　　〒112-8001　東京都文京区音羽2-12-21
　　　　編集 ☎03-5395-3529
　　　　販売 ☎03-5395-3606
　　　　業務 ☎03-5395-3615

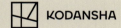

印刷所　大日本印刷株式会社
製本所　株式会社若林製本工場

落丁本・乱丁本は購入書店名を明記のうえ、小社業務あてにお送りください。
送料小社負担にてお取り替えいたします。
なお、この本についてのお問い合わせは、生活文化あてにお願いいたします。
本書のコピー、スキャン、デジタル化等の無断複製は
著作権法上での例外を除き禁じられています。
本書を代行業者等の第三者に依頼してスキャンやデジタル化することは、
たとえ個人や家庭内の利用でも著作権法違反です。
定価はカバーに表示してあります。

ISBN978-4-06-509108-1